AF561956

ENCORE UN MOT

SUR

LE REMBOURSEMENT

ET LA CONVERSION

DES 5 0|0 CONSOLIDÉS,

Par un Économiste de province,

MEMBRE DE PLUSIEURS SOCIÉTÉS SAVANTES DE PARIS, DES DÉPARTEMENTS, ET DE L'ÉTRANGER.

> Ni dépendance, ni opposition systématique. Considérer les gouvernements comme des instruments de civilisation; les aider quand ils ont de bonnes pensées à réaliser, les combattre quand ils en ont de mauvaises. Neutraliser les partis ; calmer les passions; sacrifier des opinions et des préférences à un noble et sérieux patriotisme; traduire toute politique en bienfaits pour les masses; penser surtout à ceux à qui la loi pense le moins; aimer et servir le peuple, mais le servir sans le flatter !
>
> DE LAMARTINE.

ANGERS,

IMPRIMERIE DE LAUNAY-GAGNOT.

AVRIL 1838.

Des causes indépendantes de notre volonté nous ayant empêché de publier sous la forme actuelle et en temps opportun, ainsi que nous en avions l'intention, les considérations suivantes sur le remboursement et la conversion des rentes 5 p. 0|0 consolidées; considérations qui du reste avaient déjà paru sinon aussi développées, du moins aussi complètes et aussi substantielles dans les premiers numéros de mars dernier, du *Courrier de Maine et Loire*; notre tâche locale nous ayant semblé de la sorte pour ainsi dire accomplie, nous étions déterminé à en rester là ; lorsque les révélations inattendues subitement faites à la tribune par M. Eusèbe Salverte, député de la Seine, sur le redoublement frénétique d'agiotage qui semble s'être emparé tout à coup de la Bourse de Paris, confirmées ici par l'adhésion instantanée du ministre des finances lui-même ; et aujourd'hui encore les non moins pénibles et alarmantes déclarations de M. Fulchiron, le député ministériel par excellence, sur l'agiotage toujours croissant, immodéré, immoral et sans exemple qui semble entraîner de toutes parts, jusqu'aux bourses des départements elles-mêmes, faits implicitement avoués et reconnus par l'assentiment et les propres paroles de M. le garde-des-sceaux ; nous ayant semblé ici un appel véritable, fait à toutes les lumières et à toutes les convictions ; nous avons cru, quoiqu'il nous en coutât en ce moment, faire aussi nous de notre côté, acte de courage et de patriotisme, en signalant pour notre part tout ce que les faits particuliers et généraux qui se rattachent à cette grave et importante question, avaient révélé depuis long-temps et ainsi que nous l'avons dit, à nos observations impartiales et désintéressées.

MM. les députés et MM. les ministres, n'ont eux, signalé qu'une partie de nos malheurs publics ; n'ayant voulu ou osé soulever qu'une partie du voile qui les couvre : quant à nous, nous avons cru au contraire qu'il était indispensable et qu'il importait éminemment à la France et à ses représentants, de connaître toute la grandeur et l'étendue du mal, afin d'être mieux en position d'y proposer et d'y apporter les seuls remèdes convenables. Aussi dans ce dessein, avons-nous cru devoir mettre à nu notre situation toute entière, en embrassant dans son ensemble toutes ses généralités les plus transcendantes, comme toutes ses conséquences les plus infimes et les plus contingentes.

Oui disons-nous, l'agiotage est dans tout et partout! Comme une lèpre dévorante, comme un parasite immonde; il s'est d'abord attaché aux sources les plus fécondes et les plus pures de notre crédit public, portant ainsi de proche en proche et incessamment, l'erreur et la corruption, dans tout l'ensemble de nos systèmes financiers modernes.

Le commerce et l'industrie à leur tour et tout des premiers, se sont vus livrés eux-mêmes et entraînés souvent malgré eux, par la force des choses; à toutes les perturbations d'un agiotage effréné, revêtant les mille et mille formes séduisantes et fallacieuses, dont la législation s'occupe enfin de corriger et de refréner des vices et des abus, qui déjà ont il faut le dire, et compromis de toutes parts tant d'intérêts, et suscités tant de défiances, et consommés tant de ruines! le tout au préjudice de ce caractère si probe et si vénéré, de cette antique et religieuse bonne foi qui formaient le type naguère si parfait et si reconnu, du véritable commerce français.

Il n'est pas jusques à la propriété, dont l'agiotage n'ait ébranlé les bases et compromis aussi, et les principes et la stabilité; grâce il faut le dire, à la plupart de ces sociétés agricoles et de ces fermes-modèles, si témérairement et si simplement entreprises parfois; et grâce bien plus encore aux coupables et scandaleuses manœuvres d'une foule de bandes noires, associées elles-mêmes, encouragées et éclairées plus ou moins directement, par ceux-là aussi qu'une mission légale toute de confiance et d'honneur, n'avait cependant commis en ce lieu que pour la défendre et la préserver, et de ces mêmes intrigues, et de ces spéculations la plupart du temps, aussi condamnables que désastreuses!

Si maintenant nous voulions signaler la part d'influence de ce même agiotage, dans cette innombrable catégorie de travaux publics qui pouvaient eux, réglés et conduits avec suite, convenance, modération et opportunité; ouvrir en réalité une ère immense de prospérité et de bien-être à la France toute entière, dont il n'est parvenu qu'à gâter et pervertir en tous lieux les meilleures et les plus bienfaisantes entreprises; en exagérant tout, en s'immisçant à tout, en pénétrant partout, depuis les antichambres ministérielles, jusques dans les moindres conseils administratifs politiques, civils ou municipaux de nos départements; on reculerait épouvanté devant cet effrayant et ruineux avenir de projets gigantesques et d'impossibilités notoires qui ont déjà absorbé des sommes immenses, s'efforçant et menaçant encore, d'engager jusques aux dernières ressources, ne cessant d'en dévorer toujours et incessamment jusques aux plus minimes débris. Un seul et unique refuge nous restait peut-être, dont il n'avait encore osé jusqu'ici envahir la respectable enceinte, l'assemblée électorale et la chambre des députés ; ô douleur ! faut-il qu'un journal ministériel vienne si vîte dissiper cette illusion, en révélant au monde politique qu'il existe même un agiotage électoral qui a ses représentants dont on a fixé les conditions, et dont on a mis à prix et l'élection et l'investiture ! Quant à nous, nous ne dirons rien ici de particulier sur la manière dont l'agiotage a mis à profit et exploité, et le fanatisme politique, et l'aveugle esprit de parti, de nos bonnes et excellentes provinces de l'Ouest. Les dupes nous le savons, ne sont pas aujourd'hui à s'en repentir, et ils en payent d'ailleurs aussi bien que nous, les frais et les dépens; Comme notre but est de traiter uniquement ici la question générale, nous laissons à chacun le soin ou le plaisir, d'en faire telle application locale que bon lui semblera.

En somme, pour qu'il n'existe en ce lieu aucune ambiguité et que personne ne puisse s'y méprendre; nous déclarons entendre par agiotage ce que l'on a toujours et de tout temps entendu par ce mot, fut-il même restreint abstraction faite de son extension pratique actuelle ; à son acception la plus purement grammaticale, c'est-à-dire : *commerce*, *profit usuraire*, *trafic sur la hausse et la baisse*, appliqués en ce lieu, à tout ce qui a rapport aux éléments généraux et particuliers, de la richesse publique.

De remèdes il n'y en a pas deux; c'est de ne plus livrer désormais aux mains des partisans, des adhérents ou des intéressés à l'agiotage; l'administration, le maniement de tous les intérêts de la chose, et de la fortune publiques : en y appelant au contraire, les esprits, les personnes et les choses les plus manifestement reconnus par leurs principes et leurs actes, comme les défenseurs nés de tous les intérêts, les plus éminemment conservateurs.

ENCORE UN MOT

SUR LE

REMBOURSEMENT ET LA CONVERSION

DES 5 0[0 CONSOLIDÉS.

Angers, 1er mars 1838.

On a beaucoup dit, beaucoup écrit, beaucoup parlé à la Chambre et ailleurs, du remboursement et de la conversion des 5 0[0 consolidés, et à ce sujet, des divers systèmes financiers passés, présents et futurs. Beaucoup de nos députés ont cru devoir prendre parti pour le remboursement et la conversion plus ou moins modifiés ; peu ont parlé contre ; aucuns ou presqu'aucuns n'ont traité jusqu'ici le fonds même de la question. C'était dans le premier cas du reste, parfaitement entrer nous le croyons du moins, dans les vues secrètes du gouvernement lui-même, qui dans cet état de choses ou poussait directement, ou faisait pousser dans ce sens par ses amis avoués ou tacites, jusques aux députés les plus opposés par principes et par opinion à ces vues politiques particulières, et qui trompés eux-mêmes, ou par leurs propres idées, ou par leurs prétendus chefs et amis, ne s'en trouvent pas moins engagés en ce moment dans une question dont le ministère, quel qu'il soit d'ailleurs, doit en définitive retirer tout le profit. Comment croire, d'autre part, à la sincérité d'un ministre des finances, qui accepte et reconnait à l'état ce droit de remboursement et de réduction proposé, lui qui naguère le lui déniait avec raison, comme illégal et inconstitutionnel? N'était-il pas évident alors, que dans une question aussi délicate et aussi dangereuse pour le ministère, qui se trouvait ainsi placé lui-même en présence des intérêts opposants et des opinions hostiles de la capitale, concernant le remboursement et la réduction des rentes ; n'était-il pas évident, disions-nous, que tout son plan dût consister à avoir l'air violenté et traîné à la remorque, de telle sorte que le cas échéant, et telle réaction pouvant survenir, et l'initiative, et toute la responsabilité d'une pareille mesure, pussent également être à la fois, et en toutes circonstances, attribuées à une Chambre dont du reste, il y avait plus que du plaisir à faire un peu expier quelques-uns de ces fâcheux instants, causés au ministère par son mauvais vouloir, ou sa coupable inertie. Comment supposer aussi en y réfléchissant sérieusement, qu'un pouvoir qui tend chaque jour non-seulement à introduire l'arbitraire dans toutes les branches de l'administration ; mais qui cherche en outre par les moyens les plus inouis, ainsi que par les mesures les plus inquisitoriales, à aggraver autant qu'il est en lui, telles lois exceptionnelles plus dignes des gouvernements absolus les plus réprouvés, que d'un gouvernement créé par une révolution libérale; comment croire au résumé, qu'un tel gouvernement ait bien réellement voulu repousser, le despotisme et l'arbitraire financier dans ce qu'il a précisément de plus absolu et de plus positif, le droit de rembourser et de réduire la rente quand et comme bon lui semblera, avec les moyens de faire des emprunts, et de l'agiotage à milliards? A qui pourrait-on persuader de telles choses? Certes ce n'est pas cela ce qu'on a eu en vue ! ce qu'on a voulu, c'est se mettre en garde contre la puissance et la colère des rentiers parisiens, en obtenant les moyens de perdre en même temps, ou d'immoler même à l'occasion, avec certaines apparences de justice et de raison, une Chambre qui dans certaines éventualités données, pourrait bien devenir aussi pour le pouvoir, ou un cruel embarras, ou un véritable danger! Voilà selon nous la vérité de la situation, et l'explication de la nouvelle comédie qui se passe sous nos yeux ; c'est ce petit machiavélisme parlementaire qui arrête et paralyse ici tout le mécanisme constitutionnel, et qui ne s'explique que trop par l'importance et la gravité du but qu'on se propose. Espérons pourtant qu'en déjouant et ces intrigues et ces calculs, la Chambre à son tour, plus éclairée et mieux sur ses gardes, parviendra enfin à faire rentrer dans les seules limites constitutionnelles, ainsi que dans les intérêts bien entendu du pays, toutes ces tentatives insensées et téméraires d'envahissements sans fin, qui s'attaquent à tout avec un acharnement et une opiniâtreté sans exemple.

Pour revenir à la question des rentes, depuis l'origine de ce grave et important débat, un seul membre de la Chambre des députés a franchement, selon nous, abordé le fonds de cette question, avec un talent remarquable et une probité politique auxquels du reste et sous tant de rapports il nous a habitués depuis long-temps! Ce député, c'est chacun le sait, M. De Lamartine, dont la haute intelligence, éminemment juste et sociale avant tout, a par cela même sur tant d'autres, l'immense avantage d'envisager toutes les questions, dégagé de toute ambition personnelle, de toutes préoccupations politiques exclusives, et de toute opposition systématique quelconque. Certes, après un tel orateur, et avec l'assurance et la certitude à nous acquises qu'aujourd'hui comme par le passé, il ne faillira pas plus à sa noble et courageuse mission; nous n'eussions point eu la témérité grande de prendre la plume, si faible et indigne auxiliaire que nous nous reconnaissons bien volontiers, nous n'avions cependant cru nous apercevoir qu'il existait encore une foule de moyens accessoires, puisés du reste dans la sphère des intérêts moraux et matériels de nos départements, qui pouvaient sinon enrichir la puissante éloquence de l'un des plus dignes interprètes du droit et de la vérité ; du moins venir en aide à la consciencieuse parole du mandataire fidèle. Qu'on nous pardonne donc ce petit excès d'outrecuidance, en faveur du motif qui nous inspire, nous allons entrer en matière.

D'abord et avant tout nous devons faire remarquer que le cercle où l'on semble vouloir absolument se renfermer, et où l'on s'efforce de ramener toujours et incessamment ou ses partisans ou ses adversaires ; n'est point, selon nous, le terrain où l'on doit rencontrer la véritable solution et la seule transaction possible entre des intérêts aussi divers, et aussi complexes. Cette solution ne peut être en somme, que celle qui en principe et en application, soit véritablement de nature à concilier à la fois, l'intérêt des contribuables et celui des rentiers ; sans porter aucune atteinte quelconque aux véritables fondements du crédit public; tout en remédiant cependant à cette plaie hideuse et profonde d'agiotage et de jeu à coup sûr, qui constitue une nouvelle féodalité financière ne marchant à rien moins, qu'à ruiner et spolier de nouveaux vilains après les avoir déjà et depuis long-temps, impunément et largement exploités.

Maintenant, nous allons résumer et discuter rapidement, une foule de considérations et d'arguments connus et employés depuis long-temps par la polémique ; afin d'arriver aussi promptement que possible aux moyens que dans notre opinion nous croyons seuls propres, nous le répétons, à concilier tous les intérêts engagés Dans une aussi vaste question, chacun le conçoit, on est obligé d'en poser et d'en résoudre logiquement tous les termes, sous peine, non-seulement de n'être pas compris, mais encore, parce que nulle autre transition ne peut autrement y suppléer.

La première question avant tout à résoudre, est celle-ci : le remboursement est-il légal ? On peut également répondre ici, oui et non. Oui, si pour certaine nature ou espèce de rentes, la réserve en a été faite et non sous-entendue, faite et stipulée littéralement et légalement. Non, si au contraire, il a été déclaré que ces rentes étaient consolidées, immobilisées, irremboursables. Eh bien ! c'est précisément ce qui existe surtout pour cette partie de la dette, qui en vertu de la loi spoliatrice du 29 vendémiaire an 6, fut réduite des deux tiers, sous le nom de tiers consolidé. La dette actuelle (5 p. 0/0) provenant dans sa totalité d'emprunts faits à différentes époques, au même intérêt, se confondit successivement ou s'ajouta à l'ancienne dette en en empruntant implicitement et les garanties et la dénomination, sous le nom de 5 p. 0/0 consolidés. Depuis, et quoiqu'on en ait dit à la chambre, nous ne connaissons ni articles de la *Charte*, ni lois, ni ordonnances même, qui parlent du remboursement dans la rigoureuse acception du mot, et tel surtout qu'on l'entend aujourd'hui. Tandis qu'au contraire, toutes les lois, ordonnances, arrêts et décisions administratives, toute la législation pratique semblent ici avoir eu pour but de s'opposer au remboursement : il n'est pas jusqu'à la charte elle-même, qu'on ne puisse invoquer à l'appui de l'inviolabilité de la rente, et sous ce rapport les articles 8 et 57 lui sont assurément aussi applicables, qu'à telle autre nature de propriétés. Le code civil a beau les considérer comme meubles, les priviléges dont jouissent les rentes n'en font pas moins des propriétés telles-quelles tout-à-fait exceptionnelles et hors du droit commun.

La grande erreur qu'on semble avoir commise avec ou sans dessein de part et d'autre, c'est la confusion dans laquelle on est tombé relativement aux mots remboursable et rachetable ; expressions qui dans leur réalité impliquent une immense différence. Ce qui a été posé en principe d'une manière formelle, explicite, légale et constitutionnelle, c'est que la rente était rachetable ; et tout le système financier a dû graviter vers cette fin tout à la fois prudente, utile, politique et morale ; digne en tout point de fonder et d'assurer le crédit ébranlé sur des bases plus solides. Ce qu'en un mot les gouvernements et les législations passés se sont surtout appliqués à vouloir ; c'est le rachat successif de la dette, au moyen d'un amortissement en rapport avec les ressources et la prospérité de l'Etat ; et plus tard une conversion facultative et libre, encouragée seulement, et aidée par diverses natures de rentes destinées à être offertes comme en appât et par leurs fluctuations, au besoin et à l'intérêt des spéculateurs. A l'occasion de cette dernière mesure, la création des rentes 3 p. 0/0 et 4 1/2 p. 0/0, qu'on n'a pas manqué de qualifier ici légalement de remboursables en les garantissant du remboursement jusqu'en 1835, et la conversion facultative du 5 p. 0/0 en cette espèce de rentes ; on retrouve bien évidemment ici la preuve légale, que non-seulement on ne se croyait aucun droit au remboursement forcé et à la conversion du 5 p. 0/0, dont on nous menace aujourd'hui ; mais encore qu'on regardait comme un devoir, de prémunir les rentiers contre toute tentative de violence et de séduction. L'ordonnance du roi rendue pour expliquer et commenter la loi du 1er mai 1835, dit littéralement : « Les propriétaires d'inscription cinq pour cent qui *ne demanderont pas* la conversion soit en 3, soit en 4 1/2 p. 0/0, *conserveront sans qu'il y ait de leur part aucune formalité à remplir, la jouissance des intérêts actuels, et la faculté de transférer le tout dans les mêmes formes et aux mêmes échéances que par le passé.* » Tout ce système de crédit, était au résumé fondé dans un esprit de sagesse, de prévoyance et de conservation, qui s'explique de reste en présence de la nature et de la mobilité de nos institutions politiques, sous l'influence desquelles il pourrait arriver souvent que le pouvoir tombât dans telles mains inhabiles ou téméraires, à la discrétion desquelles il faut toujours se garder avant tout, de remettre la fortune et par conséquent tout le sort politique et social d'une nation entière.

Si maintenant après avoir été condamnés par les lois constitutionnelles, financières et autres ; les partisans du remboursement et de la conversion *forcés*, tentaient ainsi qu'ils l'ont déjà fait de se réfugier sous la sauve-garde du droit commun, et prétendaient assimiler les rentes aux transactions particulières telles qu'elles sont régies par le code civil : il serait facile encore, de leur prouver que cette nouvelle erreur est moins soutenable et moins fondée que les autres, en principes et en raisons. Puisqu'en effet tout ce qui constitue l'ensemble de notre système financier, a été fondé à dessein d'après une législation exceptionnelle, qui avait précisément pour but de soustraire le crédit public ; aux difficultés, aux chicanes, aux conflits et aux versatilités des poursuites, formes et débats judiciaires ; qui en l'attaquant et en l'assiégeant ainsi de toutes parts, et en arrêtant de la sorte l'essor et la liberté illimités, sans lesquels il ne peut ni s'accroître ni se soutenir, l'eussent incontestablement ruiné de fond en comble. D'ailleurs, en invoquant sous ce seul rapport ce droit commun, dont on veut ici si inconsidérément se prévaloir ; on était conduit d'autre part à en accepter toutes les conséquences, et bientôt du code civil on fut arrivé forcément, à subir même le code pénal et toutes ses rigueurs. Car chacun sait en effet, que si les principes qui président aux divers modes de crédit admis, étaient aujourd'hui mis en pratique dans les transactions particulières ; ces transactions passibles alors des tribunaux ordinaires, se verraient bientôt flétries et condamnées en vertu des lois qui y sont inscrites ; contre l'usure, la prodigalité, la prévarication, le dol, la fraude, les jeux de hasard ou clandestins ; et enfin par celles contre les spoliateurs. Aussi regardons-nous la question soulevée sous cette forme aujourd'hui, comme une des plus dangereuses pour l'ordre social, la prospérité nationale, et le crédit public Du reste, les deux systèmes financiers en ce moment en présence, sont à nos yeux également faux en tous points, en ce sens que les garanties sont illusoires, les principes et les moyens immoraux et illégaux ; et la pratique menaçante et dangereuse pour l'indépendance nationale et la fortune publique, qu'elles peuvent livrer ainsi facilement, aux mains des étrangers ou des ennemis de l'État. Il est donc temps, et il y a même urgence ici, pour s'en dégager vite et bien ; et puisque l'occasion nous en est offerte, saisissons-là donc avec empressement pour faire rentrer cette question si évidemment vitale, dans les conditions normales de vérité et de possibilités, sans lesquelles tout est précaire et livré en ce lieu, au hasard ou au sort des événements politiques les plus inattendus.

Pour motiver ou justifier tant d'infractions, ou pour mieux dire cette violation flagrante des principes les plus sacrés; on a fait valoir bien haut l'intérêt des contribuables, et surtout celui de l'agriculture et de l'industrie ; le besoin d'une répartition plus égale des capitaux ; ainsi que la réduction de l'intérêt de l'argent. Mais on sait ce que valent ces promesses en elles-mêmes, et sortant surtout de la bouche de ceux qui chaque jour, s'ingénient à qui mieux mieux pour alimenter un fisc insatiable, en augmentant et multipliant les impôts sous mille formes iniques et tracassières ; et en appelant d'autre part la centralisation des capitaux au moyen de toutes les institutions et de toutes les grandes opérations industrielles et commerciales, à Paris seul, au détriment de nos pauvres provinces, dont la prospérité va s'amoindrissant de plus en plus.

Aussi leurs projets nous paraissent-ils de nouvelles déceptions, dont la réduction de la dette ainsi comprise et appliquée, ne nous donnerait rien moins que le dégrèvement pour réalité; tandis qu'il existe véritablement ailleurs, ainsi que nous allons le prouver bientôt, des moyens sûrs et positifs pour obtenir d'utiles et fructueux résultats.

De tout ce que nous venons de dire, doit-on en conclure que la dette ne peut jamais être réduite, qu'elle n'est pas rachetable, et que nous devons éternellement rester courbés sous le poids d'un intérêt énorme, sans pouvoir espérer de voir un jour en alléger les charges? non certes, et dans ce que nous avons déjà dit, ainsi que dans les principes et les lois qui régissent encore tout notre système financier, nous en trouvons tous les moyens : il ne s'agit que de les développer, les grossir et les aider par d'autres qui n'en soient que les conséquences justes et légales ; ou qui n'en violent pas du moins les plus sûres garanties. Ainsi donc nous croyons pouvoir conclure :

1° Que le gouvernement est aujourd'hui sans droit léga et constitutionnel pour opérer ainsi qu'il l'entend, un remboursement intégral, à son choix, en son temps, et au taux qu'il lui plairait de fixer.

2° Que par rapport à ce remboursement, ainsi qu'à la conversion qu'il prétend y associer, il n'a pas plus de titres.

3° Que par tous les gouvernements qui se sont succédés, par toutes les législations, ministérielles, administratives, pratiques et autres ; la rente 5 p. 0[0 consolidée a été reconnue rachetable, et non remboursable grammaticalement, aussi bien que légalement parlant.

4° Que ce rachat légal a évidemment pour preuves ; la théorie de l'amortissement, la conversion libre et facultative, telle qu'elle fut entendue sous la restauration, par la création du 4 1[2 et du 3 p. 0[0 ; puis enfin par le marché des effets publics qui furent côtés à la bourse ; jeu en vertu duquel le gouvernement consentait ainsi bien implicitement et bien ostensiblement, à subir toutes les chances périlleuses ou favorables qui devaient en résulter.

5° Qu'au résumé, quant au rachat et à la réduction de la dette, ainsi qu'à celle de l'intérêt des rentes 5 p. 0[0, s'il ne peut les obtenir au moyen du remboursement; il le peut non-seulement au moyen des conditions stipulées, largement appliquées ; mais encore sinon de certain droit commun, au moins de tous les droits constitutionnels non prescrits dans l'espèce.

Telle est en somme, la théorie légale et financière qui a été posée en principes, et qui est parvenue non-seulement à sauver dans le temps notre crédit ébranlé, mais encore à l'élever au point de prospérité où chacun a pu le voir naguères. C'est à ce système bon et éprouvé, qu'on voudrait aujourd'hui substituer un système entièrement contraire et nouveau, subversif de tout crédit, au moment précisément encore, ou l'Espagne vient de déclarer une banqueroute complète, avec des principes dont les conséquences feraient reculer d'épouvante, en songeant avec combien de facilité tout cela pourrait servir de prétexte dans telles circonstances, à tel gouvernement ou à tel ministère à bout de voies.

En un mot nous ne pouvons trop le répéter dans d'aussi vastes intérêts, puisqu'il ne s'agit de rien moins que de la fortune publique toute entière, d'environ deux cents millions de rentes, et à peu près quatre milliards de capitaux, dont la création et la consolidation préexistaient à notre pacte fondamental actuel : Si l'on eut eu l'intention positive et réelle d'un remboursement intégral et forcé, comme on l'entend aujourd'hui, la chose en valait assez la peine pour qu'on l'inscrivit dans la charte près de certains articles qui devaient précisément s'en prévaloir, ainsi qu'on l'a fait sousd'autres rapports, relativement aux propriétés dites nationales et autres. Mais puisqu'on ne l'a fait ainsi ni dans l'origine, ni subséquemment ; le rachat au moyen de l'amortissement et de la conversion facultative sous toutes les formes et dans toutes leurs conséquences, tel est le système d'extinction de la dette qu'on a jugé le seul juste, utile, prudent et politique ; puisqu'il avait pour but d'éviter toute perturbation ; tout un immense mouvement de capitaux ; toute entreprise téméraire ou intéressée quelconque contre la fortune publique, en rattachant à la fois aux conditions d'économie et de réduction de l'impôt, les conditions plus ou moins promptes et réelles de la réduction de la dette.

Que fait-on, au contraire aujourd'hui ? au mépris d'un contract réciproque, on accorde à l'État l'un des contractants ; le droit absolu de rembourser quant et comme bon lui semblera, s'en fut-il même interdit la faculté sinon sous certaines formes ; et portant plus loin ce principe funeste; on lui reconnaît encore le droit de fixer à l'égard de son créancier conditionnel, non-seulement le chiffre du capital qu'il veut bien lui payer, mais encore celui de l'intérêt auquel il prétend le réduire. Cette voie conduit à l'abîme, on ne peut trop le crier, et tôt ou tard il se trouvera des logiciens rigoureux à qui l'on ne pourra rien objecter alors; puisqu'ayant ou prétextant des besoins à leur tour, on leur aura posé en principe le droit de réduire le nouveau capital ou le nouvel intérêt, en l'assimilant rationnellement aussi, soit à l'intérêt de la propriété foncière, soit à tout autre ; de sorte qu'il n'y a pas de raison pour que les 4 1/2 ou 4 p. 0/0 d'aujourd'hui, ne se voient réduits demain à 3. p. 0/0 et moins peut-être, s'en venant atteindre en ce lieu et les cautionnements, et jusques aux caisses d'épargnes, ces institutions si bonnes et si utiles en principes, mais que selon nous l'on a si imprudemment et si inconsidérément compromis dans l'application, quand au lieu de les fonder sur des garanties et des responsabilités éminemment sociales, on en a fait au contraires des institutions livrées à toutes les chances et les instabilités de notre constitution politique. Alors la catastrophe sera imminente, et heureux encore si comme jadis, ou en Espagne aujourd'hui, l'on peut même s'arrêter à un nouveau tiers consolidé !

Ainsi donc en définitive, chacun connaît et possède l'état de la question : les uns veulent un remboursement intégral et instantané avec option forcée d'un intérêt réduit quelconque ; les autres s'efforcent de rester dans les principes du système de crédit public qui nous régit, et qui a fait ses preuves, en opérant l'extinction de la dette avec prudence et modération, ainsi que de tels intérêts l'exigent, le tout au moyen d'un amortissement qu'on peut étendre et faciliter indéfiniment et selon les circonstances ; moyens renfermés du reste dans des limites et des conditions, qu'ils ne se croient pas en droit de franchir. De ces deux systèmes nous croyons l'avoir prouvé sans réplique, l'un est légal et a pour lui la sanction de l'expérience ; l'autre n'est rien moins que tel, et est de plus téméraire, aventureux, et destiné à porter le désordre et la perturbation dans l'ordre de choses qui par sa nature, a précisément le plus besoin de sécurité, de garanties et de bonne foi.

Voyons maintenant, si les moyens propres à réaliser et à mettre en pratique les deux systèmes précédents, n'en feront pas encore mieux ressortir tous les inconvénients et les avantages relatifs.

Commençons d'abord par le projet de remboursement : ici pour atteindre le but qu'on se propose, rembourser, soit en capital soit en rentes quelconques, ainsi que dans leur position obligatoire, il en sera laissé la *liberté* aux rentiers ; l'on n'en doit pas moins avoir ses capitaux prêts, et pour le remboursement intégral des deux cents millions de rentes inscrites, remboursables seulement au pair, il faudrait dans les caisses de l'Etat quatre milliards au moins. Mais pour ne rien exagérer, ce n'est pas trop cependant de supposer que plus de la moitié de ces rentes dont on peut évaluer le chiffre à environ cent millions, puisse exiger leur remboursement, et alors il faudra pourtant bien être en mesure ou de faire sortir deux milliards de ses coffres, ou de les y faire entrer s'ils n'y sont pas.

Le remboursement, nous dira-t-on, ne peut se faire dans les six mois, dans l'année même. Cependant, à moins de rendre une pareille mesure illusoire ou dangereuse, on ne peut y employer plus de deux années au plus, si l'on ne veut pas livrer ainsi, des deux et quatre milliards, aux hasards des hommes et des choses. Car en répondriez-vous bien de ces deux années? Ainsi donc même en n'assignant que deux ans à l'opération, et un remboursement des rentes inscrites gratuitement réduit à moitié; ce n'en sont pas moins deux milliards, un milliard par an, que l'on doit emprunter, manier au trésor, et remuer jeter en appât aux avides spéculations de tous ces hommes d'argent, que dans une de ces boutades fâcheuses et colériques qui lui sont si familières, M. le président Dupin a si cruellement et si justement d'ailleurs, flétris et stigmatisés du nom de loups-cerviers.

Voyons donc ensuite les inconvénients et les avantages qu'on peut retirer de ce fameux remboursement si vanté; d'abord si vous empruntez deux milliards pour rembourser cent millions de rentes au pair, il faut supposer, pour qu'il y ait bénéfice, qu'il soit plus que certain qu'on trouvera des emprunts à moins et bien moins que 5 0[0], ce que nous nions; et ce qui fut-il vrai aujourd'hui, en présence des crises financières d'Espagne, de Portugal et des Etats-Unis; ne le serait plus demain, si vous aviez besoin d'argent. D'ailleurs partout en France aujourd'hui l'intérêt de l'argent est au moins à 5 0[0 sur gages fonciers, qui ne sont certes pas les vôtres, il s'en faut tout ! Ainsi donc, en empruntant au denier vingt pour rembourser au denier vingt, il vous reste pour bénéfice 0, et pour déficit réel les frais de votre opération et le regrattage de la bureaucratie qu'on ne peut guères évaluer à moins de huit ou dix millions ; resterait donc maintenant d'un autre côté le boni résultant de l'intérêt réduit de 60 ou 80 millions de rentes au plus, qui elles, auraient accepté la conversion ; tout sera bénéfice ici, si l'on ne trouve pas moyen de grapiller encore sur la *main-d'œuvre*. Si la réduction est donc de 1 0[0, cela produira à peine 12 millions. Si, pour ne pas trop mécontenter les rentiers, et rendre ainsi qu'on semble s'y résigner, la plaie moins sensible et moins douloureuse, on réduit seulement de 1[2 0[0, il ne restera plus alors que 6 petits millions de bénéfice net. D'autres calculateurs ce sont les optimistes, ont parlé d'au moins 30 millions; d'autres enfin, ce sont des pessimistes sans doute, ont à peine trouvé les 6 ou 8 millions dont nous venons de parler, en supputant d'après les chances même les plus favorables. Auriez-vous la curiosité de savoir de quelle somme bénéficieraient chacun de nos 86 départements, en leur supposant des droits proportionnellement égaux, et une population de 460 mille âmes, comme celle du département de Maine-et-Loire que nous habitons; cela donnerait à chaque département nous a dit ici Vito-Mangiamelle, que nous interrogions à ce sujet, avec cette puissance et cette rapidité de calcul qui le caractérisent, 100,000 francs environ par département, et à peu près 20 ou 25 centimes par individus. Voilà donc à quoi se réduisent en chiffres les *immenses avantages* que l'agriculture, le commerce et l'industrie de nos provinces doivent retirer de ce fameux remboursement dont on a fait tant de bruit; et ce que valent les promesses et les arguments qu'on fait valoir en leur faveur, quand on sait de reste, que cette réduction, s'élevât-elle même à des centaines de millions, ne serait pas appliquée au dégrèvement de l'impôt, réclamée qu'elle est déjà ou par un déficit toujours croissant, ou par de prétendus travaux sans fin que le gouvernement entend bien ici exploiter à son profit, ou à celui de son monde. Il est cependant possible qu'en apparence on trouve des capitalistes offrant des fonds suffisants à 4 0[0; mais ceux-là en retireraient en réalité plus de 5, car nous savons depuis long-temps, à nos dépens, tout ce qu'il y a de vrai dans ces prétendues transactions qui livrent en dernière analyse toutes les chances de l'agiotage à ces marchands d'argent nationaux ou étrangers, qui du reste ne sont à cet égard d'aucun pays, et qui six mois après, n'ont plus dans leur porte-feuille, que tout juste ce qu'il leur faut de coupons de rentes pour entretenir leur jeu de bourse. C'est ici la même théorie que celle employée dans ces sociétés en commandite dont on veut atteindre les vices et les abus; il faudrait donc bien aussi, avant tout, nettoyer en passant ces autres écuries d'Augias, d'où surgissent en foule tant de passions effrénées et cupides, qui se traduisent chaque jour en immoralités coupables et en crimes sans nombre.

Restent maintenant les inconvénients, les impossibilités, les dangers même que le remboursement proposé rencontre de tous côtés. Les impossibilités naissent de la nature et de l'origine de la rente, de la législation qui la régit, des garanties et des assurances de consolidation dont on l'avait entourée, et qu'on ne peut détruire que par la force et la violence. Les inconvénients et les dangers sont incalculables, ils tiennent à tout ce qui se rattache comme principe et comme élément, à l'ensemble du système financier et du crédit public : ils vont menacer et retenir jusqu'aux plus profondes cachettes du prêteur, les écus que jusqu'alors il s'était cru si sûr et si encouragé de livrer à la circulation.

Si pour en finir, passant à un ordre de considérations plus élevé, nous admettons ainsi qu'on l'a insinué que des banques étrangères et rivales,possédent directement ou au moyen de prête-noms, une énorme quantité de rentes; que la chambre des pairs, pour son compte, y est grandement intéressée : ne pourrait-on pas craindre à juste titre, qu'un remboursement si imprudemment offert, et si avidement accepté sans doute dans le premier cas, ne fit sortir de France une masse de capitaux considérable. Cette sortie et cette exportation des capitaux français dont la diminution est chaque jour sensible et a été évaluée, mérite toute l'attention des chambres, et il serait absolument utile qu'une enquête sévère fut faite à cet égard, avant de s'engager dans aucune des grandes opérations projetées quelconques : à savoir, si dans la balance de ses relations politiques, financières, industrielles, commerciales, excentriques et internationales; la France fait rentrer autant de capitaux qu'il en sort; le cas contraire est un *casus belli* au premier chef, et nous y reviendrons.

Voyons maintenant par contre, quels ont été les résultats passés du système financier suivi sous la restauration, système qu'elle nous a légué comme un de ses plus beaux titres de gloire, et auquel se rattachent du reste, les noms des hommes les plus éminents et les plus spéciaux dans les sciences économiques et financières modernes, les comtes Roy, Mollien, Corvetto, de Villèle, baron Louis et autres illustrations, que celles de la révolution de juillet n'ont certes pas effacées, il faut l'avouer malgré tout, puisqu'elles font encore chaquejour autorité dans la matière.

Depuis 1816, époque de la réorganisation de la caisse d'amortissement, jusqu'au 31 mars 1825, cette caisse a racheté 36,672,821 fr. de rentes 5 p. 0/0 qui n'ont coûté que 587,218,025 fr. 47 c. Ces rentes ne pouvaient plus reparaître au marché public; elles ne pouvaient être non plus annulées ni distraites de leur affectation au rachat de la dette publique avant le 22 juin 1830 ; en un mot, elles devaient faire masse avec les autres sommes affectées à l'amortissement, pour opérer plus largement l'extinction de la dette. Ces sommes provenaient de 40,000,000 payés à cet effet chaque année par le trésor ; puis à partir de 1825, des 36,692,824 fr. de rentes rachetées dont nous venons de parler. Avec un amortissement aussi richement doté, les réserves et les économies qu'on pouvait faire sur le budget, et plus tard les trésors de la Casauba, on eût assurément opéré l'extinction de la dette mobilisée en moins de vingt années. Tel était l'état prospère, tel était l'avenir financier qui nous était acquis, sous un gouvernement dont l'origine et les principes nous assuraient une paix de longue durée, et qu'une révolution intempestive, irréfléchie, et sans aucun des résultats heureux qu'on en attendait, est probablement venue détruire pour toujours. Ce que nous disons ici sont des réalités, des chiffres irrécusables que chacun peut vérifier; tandis que tout ce sur quoi on bâtissait de si beaux châteaux en Espagne, étaient des déceptions et des billevesées que nous avons vus s'évanouir incessamment, depuis que les héros, les promoteurs, et les plus ardents séides de ce bienheureux système, se remplacent à l'envi pour compléter à qui mieux mieux, l'œuvre de mystification dont chacun peut suivre et apprécier le but et la tendance. Du reste, ce que nous avons ici en vue est moins assurément de faire des récriminations, qui en toutes choses selon nous, ne prouvent rien, et ne mènent à rien; que de montrer ce que peut produire le système de l'amortissement entendu et appliqué ainsi qu'il l'a été, avec un égal succès pour le trésor et pour le pays. Maintenant, ce système peut-il être continué aujourd'hui, avec les mêmes avantages ? les mêmes ressources lui sont-elles offertes, les mêmes allocations assurées ? non sans doute, l'amortissement aujourd'hui n'a plus les mêmes moyens à sa disposition, ou du moins il ne peut les demander aux mêmes crédits ; ce serait donc cette question qu'il faudrait avant tout résoudre, et si elle l'était, si les voies et moyens étaient assurés au système sage, prudent et bien pondéré de l'amortissement, avec certitude de réduction sur l'intérêt des rentes, avec assurance aussi d'un dégrèvement de plus de quarante-six millions sur le chiffre du budget, sans emprunt, sans mouvement de capitaux procédant par milliards, sans remboursement, sans conversion forcée du moins ; le tout avec certitude enfin de l'extinction de la dette, opérant sa conversion par elle-même en moins de vingt années ; il nous semble que les plus ardents partisans du remboursement, fussent-ils même les loups-cerviers les plus acharnés, n'oseraient encore persister dans un système pernicieux et incertain, autour duquel nous voyons toujours se dresser plus insatiable et plus furieux que jamais, le monstre de l'agiotage.

Notre système à nous, tout simple, tout facile, tout accessible à toutes les intelligences, comme en général aussi, tout ce qui est juste et vrai ; ne sourira pas nous en sommes certains d'avance, à ces esprits qui se complaisent par nature ou par besoin, dans les combinaisons les plus obscures, les plus nébuleuses et les plus embrouillées. Nous le concevons de reste, et tout le monde se prend d'avance à en dire et à en signaler le pourquoi ; mais qu'importe, la vérité est d'elle-même ainsi faite, qu'elle est invincible et inévitable. Aussi, si nous n'obtenons pas gain de cause aujourd'hui, nous l'obtiendrons demain, car il faut que tôt ou tard justice soit faite, et c'est ce que répètent en chœur tous les contribuables du royaume.

Notre système le voici : Personne n'ignore qu'il existe une espèce de propriété jouissant de tous les privilèges, de tous les avantages et de toutes les immunités ; tandis que les autres natures de propriétés sont asservies elles, et condamnées chaque jour à toutes les charges, à tous les impôts, à toutes les tribulations, à toutes les machinations fiscales; qu'il plaît à nos seigneurs et maîtres de faire incessamment peser sur elles, sous mille formes intolérables. Ces propriétés, se sont les rentes qui dès leur origine ont été déclarées insaisissables, *inhypothéquables*, franches de tout droit de mutation et transport, et soumises seulement à un léger droit de vente d'un demi pour cent, il nous semble, en faveur de l'agent de change chargé de l'opération. Partant, les rentiers détenteurs de ces propriétés affranchies, jouissent eux aussi de tous les droits, de toutes les libertés, de tous les avantages de la civilisation ainsi que les autres citoyens français; sans supporter s'ils le veulent, aucune des charges onéreuses et pénibles qui accablent leurs concitoyens. Le rentier, peut facilement se soustraire à la fois, aux impôts fonciers, mobiliers, personnels en argent et en nature, aux centimes additionnels, ainsi qu'à toutes les autres charges départementales et municipales: et touriste infatigable, citoyen sans autre patrie que la bourse et le trésor, jouir ainsi de tout sans embarras sans crainte et sans soucis, voyant passer avec indifférence et mépris, les hommes et les choses dont seul il profite sans y contribuer. Quand on songe,que le rentier peut ainsi posséder cent mille francs de rentes plus ou moins, sans qu'un seul centime vienne en aide aux besoins de l'état; tandis que tous les propriétaires fonciers, les commerçants, les industriels, les agriculteurs et jusques aux plus pauvres des citoyens; payent en définitive plus de la moitié de leurs revenus en impôts directs, indirects, droits demutations, de successions et autres; on se prend jusqu'à maudire une inégalité aussi révoltante, en opposition flagrante avec la première de nos lois constitutionnelles, l'égalité devant la loi et enfin avec l'art. 2 ainsi conçu : les

Français *contribuent indistinctement dans la proportion de leur fortune, aux charges de l'état.* Ainsi donc, comme nulles réserves n'ont été faites à ce sujet dans les diverses lois de finances, et que l'eussent-elles été, comme elles ne sont point inscrites dans la loi fondamentale, elles seraient nulles de plein droit : tout en respectant donc, tous les droits et privilèges que nous venons de citer ci-dessus, et qui font déjà des rentes et des rentiers des intérêts et des gens mieux partagés que tous les autres; nous proposerions comme solution et transaction juste et équitable en droit et en fait, le projet suivant.

Art. 1. En vertu des articles 1 et 2 de la charte constitutionnelle, un impôt (en évaluer ici le chiffre quelconque) du cinquième du revenu annuel, par exemple, sera établi sur toutes les rentes inscrites 5 p. 0/0 consolidés.

Art. 2. Les trente ou quarante millions résultant de l'impôt du cinquième établi sur la quotité telle quelle des rentes 5 p. 0/0 inscrites, seront versés chaque année à la caisse d'amortissement, pour avec les réserves à venir, celles qui doivent y exister en ce moment, et les économies sur les dépenses, être employés au rachat des rentes restantes, jusqu'à extinction définitive de la dette publique.

Art. 3. La somme des rentes rachetées chaque année et successivement, ne pourra plus rentrer au marché public, et fera masse d'amortissement avec les sommes précédentes, jusqu'à opération définitive.

Art. 4. Les quarante-six millions versés chaque année par le trésor à la caisse d'amortissement, et votés pour cet objet au budget général; cesseront de l'être à partir de la mise à exécution de la présente mesure : et cette réduction de quarante-six millions sur le buget annuel, sera employée à réduire aussi d'un nombre de centimes additionnels correspondant; les contributions foncière, personnelle, mobilière, et des portes et fenêtres.

Hâtons-nous donc de conclure avant que les décisions législatives ne nous prennent au dépouvu :

1° Que le remboursement intégral et forcé, ainsi que la conversion facultative et obligée dont on a l'option ; ne peuvent en aucun cas sauf celui de force majeure, être imposés aux propriétaires de rentes 5 p. 0/0. Que le seul remboursement juste et équitable qu'on peut exercer contre eux ; est le rachat volontaire et au cours des effets publics, tel que le prix en est chaque jour coté à la Bourse ; et cela au moyen des fonds d'amortissement, des réserves et autres crédits destinés et affectés à ce marché, à ce jeu de hasard prétendu, bien et dûment créé et autorisé par et pour le gouvernement ; aux conditions de chances égales et réciproques, qu'il n'était et dans aucun cas, permis à aucuns des contractants, de décliner sous quelque forme que ce fût.

2° Que d'après le système actuel, avec les seules resources de l'amortissement annuel, des réserves et crédits qui y furent successivement affectés; l'état ayant trouvé moyen de racheter depuis 1814 jusqu'aujourd'hui, un capital de 1,343,142,000 fr.; et le total de la dette inscrite étant en ce moment et en capital aussi, de 4,944,238,000 fr; nous ne voyons pas pourquoi au lieu de suivre les mêmes errements, et d'employer les mêmes moyens que l'expérience a confirmé, et que la prudence conseille ; nous irions nous jeter au travers de mille intérêts aussi précieux et aussi délicats, pour provoquer de toutes parts des pertubations aussi ruineuses que funestes, au moyen d'emprunts destinés à remuer et à déplacer, des capitaux à milliards.

3° Que si pour continuer le système actuel, et obtenir à la fois une réduction plus sensible des charges de l'état ; les crédits et les moyens accordés étaient insuffisants ou trop onéreux : nous proposerions quant à nous, d'y suppléer en ajoutant aux réserves considérables qui ont dû être faites sur l'amortissement, depuis trois ou quatre années que la rente est au-dessus du pair, ainsi qu'aux économies qu'on doit pourtant s'appliquer à obtenir sur les dépenses ; en y ajoutant disions-nous, un impôt quelconque sur les rentes inscrites 5 p. 0/0, qui ne fût-il que d'un cinquième du revenu annuel, produirait des sommes suffisantes pour procéder à l'extinction successive de la dette, sans changer en rien le système financier établi, ce qui est toujours dangereux ; et amenerait des réductions et des dégrèvements considérables.

4° Que ce système fondé en droit, et constitutionnellement acquis sans réserve à l'état ; pouvait aussi être appliqué non-seulement aux rentes 5 p. 0/0, mais encore à certaines autres espèces de rentes et de propriétés, telles que les actions de la banque de France particulièrement, surtout en ce qui concerne les majorats immobilisés; actions qui rapportent à leurs propriétaires 6 p. 0/0 au moins ; sans compter l'intérêt du fonds de réserve, dont le capital placé sur l'état donne encore en plus, un dividende qui en élève d'autant l'intérêt. Ajoutez à ces divers moyens, les transactions et conversions libres, telles qu'elles se pratiquent aujourd'hui entre les autres natures de rentes à intérêts inférieurs ; et vous aurez alors un système d'amortissement croissant aussi complet et aussi satisfaisant que possible, sans avoir porté atteinte ; ni aux principes les plus fondamentaux du crédit public, ni aux engagements contractés, ni aux lois existantes, ni aux droits acquis.

Qui oserait maintenant attaquer notre système, système aussi facile à mettre à exécution, que simple à comprendre et à formuler ? Seraient-ce, par hasard, ceux qui posent en principe le droit de remboursement absolu concédé à l'état, ainsi que le droit de réduire l'intérêt à un chiffre quelconque ; introduisant de la sorte le despotisme et l'arbitraire dans les finances, dont de tout temps et avant tout, la théorie a dû être fondée sur la confiance et la bonne foi, sans songer qu'ils vont incontestablement porter ainsi au crédit public, un coup non moins funeste que ceux qu'il reçut aux deux plus déplorables époques de nos annales financières, lors du système de Law, et lors de la banqueroute du tiers consolidé. De quel front viendraient-ils à nous, nous demander raison de l'impôt que nous prétendons pouvoir et devoir être mis sur les rentes 5 p. 0/0 s'il était par exemple d'un cinquième ; eux qui de leur côté ne se font aucun scrupule de payer arbitrairement 100 fr., ce qui a peut-être coûté hier à son propriétaire 109 ou 110 fr., et qui plus arbitrairement encore; et sans leur garantir aucune autre réduction ultérieure, les réduiraient pour leur compte aujourd'hui de 1, 1 1/2 p. 0/0 et plus s'ils le pouvaient ?

Entr'eux et nous telle est la différence ; que quant à eux de quelque manière qu'ils fassent, l'arbitraire fût-il même légalisé, sera toujours l'arbitraire posé en principe. Tandis que nous, nous invoquons le droit constitutionnel tel qu'il est obligatoire pour tous, et qu'il est inscrit dans la charte: mais en entendant bien aussi que d'autre part une fois rentrées dans les conditions légales, les rentes puissent jouir à l'égal des autres propriétés de toutes les garanties qui leur sont assurées, et soient dès-lors aussi déclarées inviolables, irréductibles et irremboursables ; excepté dans les cas et par les moyens qui ont été stipulés lors de leur création, l'amortissement et la conversion libre et facultative.

S'il fallait maintenant démontrer tous les avantages, du projet que nous venons de soumettre à la publicité ; nous verrions que tous ceux qu'on espérait obtenir par les moyens par trop financiers proposés, sont inhérents au nôtre ; et découlent naturellement et bien plus comme conséquence forcée, de notre système d'impôts ; sans offenser les droits réciproques établis, et sans jeter aucune perturbation quelconque sur le marché des fonds publics.

D'abord et avant tout, ce n'est point de dix, de vingt, de trente millions ou plus encore, réduits par les frais d'opération et l'agio, dont il s'agit ici; mais de quarante millions en réalité, aussi faciles que sûrs à recueillir, sans tenter le sort des emprunts et la théorie des milliards. Ensuite, une fois l'impôt fixé, la rente se trouve réduite de fait d'autant; et le capital suivant le mouvement de l'intérêt, ramené lui-même à ce pair si désiré que vous voulez vous imposer si arbitrairement aux rentiers.

Ces rentes enfin une fois fixées à leur taux, et garanties; rentreront d'elles-mêmes et tout naturellement, dans la catégorie proportionnelle de l'intérêt courant de l'argent, et approximativement de l'intérêt des biens fonciers; donnant pour solution un abaissement raisonnable de l'intérêt des capitaux, une répartition plus égale de l'argent, enfin un rapport aussi rationnel et aussi équitable que possible entre le revenu ou l'intérêt de nos diverses natures de propriétés; en conciliant pourtant les choses de telles sortes, qu'assez d'avantages seraient encore offerts aux placements en rentes sur l'état, pour ne pas pousser au dehors les capitaux, et les attirer bien plutôt s'il était besoin de nouveaux emprunts La stabilité qui résulterait d'une pareille mesure, la fidélité aux engagements et les garanties nouvelles offertes aux rentes, donneraient toute sécurité; et le crédit public, la prospérité financière de la France auraient encore retrouvé de nouveau et pour longtemps, leur assiette et leur base. L'agiotage alors, s'il n'était pas absolument tari dans sa source, serait du moins forcé de se conformer à la sagesse et à la prudence des opérations quotidiennes; et l'on arriverait ainsi et au profit de tous, doucement et sans secousses, à la solution d'un des problèmes les plus difficiles et les plus importants de la science économique moderne.

Nous savons parfaitement bien au résumé, que précisément à cause des inconvénients et des avantages que nous venons de signaler ; notre système est destiné à être violemment repoussé par tous ceux qui ne voient en résultat dans cette nature d'affaires, que ce qui peut leur en revenir ; peu soucieux d'ailleurs des intérêts et des besoins du pays. Si donc leurs conseils et leurs votes venaient à prévaloir, nous aurions sans doute la douleur de voir encore la France flotter plus ou moins long-temps, entre le faux et le vrai ; la ruine et la prospérité ; mais comme nous sommes de ceux qui ont en définitive foi entière et complète, dans la sagesse et l'intelligence de notre belle patrie ; nous sommes convaincus aussi, qu'une fois revenue à résipiscence aucune influence quelque puissante qu'elle fût, ne pourrait alors la détourner ni la dévier, de la voie de salut qu'on lui aurait tracée, et dans laquelle comme toujours, elle irait peut-être encore plus loin et plus avant, que ses amis même les plus dévoués n'eussent osé le lui conseiller. Car il faut le dire et le répéter sans cesse et toujours, tous les plans financiers admis et proposés sont plus ou moins faux et vicieux, et traînent à leur suite l'agiotage et la banqueroute. Ainsi donc, qu'on reste dans la théorie routinière du crédit passé ; ou que croyant mieux, ou plus *habilement* faire, on se lance tête baissée dans le nouveau système dont tout le mystère consiste, à augmenter à l'occasion un capital fictif et sans garanties à venir ; pour diminuer autant que possible et successivement peut-être, un intérêt réel et présent ; tout cela comme on le voit, est créé dans le vide ; n'ayant pour aliment et pour moteur, que les jeux de bourses et d'agio.

Comment de pareilles inconséquences, se passant en face les unes des autres, et le même jour encore : ne dessillent-elles pas les yeux même des moins clairvoyants? Comment un aussi fragile échafaudage de tripot et d'usures, ne soulève-t-il pas les esprits même les moins initiés, à un aussi grossier mensonge de chiffres et de paroles? Qu'est-ce en effet qu'un remboursement qui n'en est pas un, puisqu'enfin de compte on renvoie les rentiers conversionistes forcés à se pourvoir au marché des fonds publics pour en subir toutes les instabilités? Qu'est-ce qu'un remboursement arbitrairement admis et imposé aujourd'hui, quant à telles natures de rentes, et qu'on refuserait à tout jamais demain à telles autres? Qu'est-ce qu'un remboursement juste et vrai en principe, et sur le capital duquel personne ne s'entend et chacun varie? Qu'est-ce qu'une conversion imposée sans avantages réciproques? Qu'est-ce qu'une réduction équitable et légitime de l'intérêt de la dette, variant sur tous les modes et ne s'arrêtant à aucuns chiffres? C'est évidemment ici, la demande entière et sans réserve du despotisme en finance comme en tout; c'est l'autorisation de manier et de gouverner le crédit public selon son bon plaisir; d'agioter et de tripoter tout à l'aise avec la faculté de faire banqueroute en définitive, et quand besoin sera. Aussi le ministère, avec contradiction apparente pour les esprits simples et confiants, ne vous demande-t-il aujourd'hui seulement, que la concession du principe, faisant son affaire du reste, est-ce assez clair? Est-ce assez significatif? Et qui nous a conduit-là?

De tous ces vices et ces dangers, le projet prêté à M. Laffitte par la presse, ne nous semble pas plus exempt que le projet de M. Gouin et de tous les partisans du remboursement quand même : il en limite seulement et en circonscrit un peu plus peut-être, la sphère d'action. Offrir en effet aux rentiers, du 3 p. 0/0 à 85, en prenant leur 5. p. 0/0 à 107 fr. 50. c.; c'est engager onéreusement l'état, si le droit de remboursement leur est acquis et facultatif, et si l'on est ainsi de bonne foi : si on ne prétend pas plus l'être que par le passé; c'est condamner les rentiers crédules ou forcés par leur position, à aller demander aux chances de la bourse, un capital qui fixé et coté aujourd'hui par l'état à 85 fr. pour 3 1/2 p. 0/0 de rentes; pourrait bien ainsi qu'il en arriva aux 3 p. 0/0 de M. de Villèle, cotés aussi à 75 par l'état, ne plus valoir le lendemain à la bourse, qu'un prix bien inférieur au taux arbitraire et fictif, qu'on lui avait imposé au détriment réel des ayant droit. Le nom de M. de Villèle nous rappelle ici, que tout homme d'état qu'il ait été, et que les événements les plus récents aient pris soin de le révéler et de le réhabiliter de plus en plus; il n'en est pas moins vrai, qu'on doit aussi l'accuser avec raison d'avoir sacrifié lui-même à l'agiotage, dans la mesure qui selon nous caractérisait peut-être le plus l'habileté politique de ce ministre, nous voulons parler de l'indemnité. Cette mesure d'ordre social et de conciliation générale, qui effaçait de nos souvenirs et de nos codes les sanglants arrêts de 93; pour nous ramener aux plus beaux jours de 89, dont la législation toute empreinte de sacrifices généreux et spontanés, offerts sur l'autel commun de la patrie, avait pour but de rendre à la propriété en l'affranchissant des entraves qui enchaînaient de toutes parts son essor et sa prospérité, et sa puissance et sa stabilité; font assurément beaucoup d'honneur à l'administration de M. de Villèle. Pourquoi donc cette sage et prudente loi de l'indemnité, fut-elle présentée avec un cortège de moyens exécutoires et financiers, semblables à ceux qu'on nous présente à peu près aujourd'hui; suivis eux-mêmes bientôt après, d'un projet de remboursement et de conversion forcés, dont la chambre des pairs fit bientôt justice en opposition aux décisions de la chambre des députés; et rendit en cela, nous ne l'avions pas compris dans ce temps, un immense service à la France? M. de Villèle, absorbé alors il le faut croire, par les grands travaux de la politique, céda-t-il à cette occasion à des convictions personnelles, ou bien plutôt circonvenu, entraîné par des influences et des actualités fâcheuses; ne fit-il que se laisser aller, que s'abandonner avec trop de confiance peut-être aux insatiables et machiavéliques intrigues financières, ourdies incessamment avec art et persévérance, autour de tous les pouvoirs pour les dominer ou les exploiter? Ce qu'il y a de certain, c'est qu'il existait alors aussi, comme il existe encore aujourd'hui près du pouvoir, de ces coalitions de capitalistes étrangers ou nationaux, mais qui sous ce rapport nous l'avons déjà dit, ne sont d'aucuns pays; ne cessant de manœuvrer tant ensemble que séparément, dans un seul esprit et dans un seul but celui de faire fructifier, et multiplier leurs écus. Il est difficile, il faut en convenir, d'échapper à leurs piéges, et souvent dangereux de les éconduire trop clairement et trop brutalement, dans l'immense et inextricable conflit d'intérêts politiques, matériels et financiers qu'on nous a fait; et dont en définitive pourtant, c'est l'argent, on est forcé de le dire, qui prépare, conduit, et résout tous les événements. Paris étant en somme le point central où l'on semble avoir établi ce grand Frascati européen, il est tout naturel de voir que nous y soyons nous des plus engagés; et que là aussi, ceux qui y tiennent les cartes pour nous qui y mettons l'enjeu, tandis qu'eux en retirent bel et bien tous les profits; ayent intérêt à pousser à toutes les mesures qui peuvent faire affluer et mouvoir les capitaux sur un pareil terrain; quand bien même ces capitaux seraient destinés à devenir la proie des spéculations et des exportations étrangères, en ne laissant pour gage entre les mains des économes et laborieux citoyens de nos provinces, qu'un papier incertain et précaire, dont la dépréciation plus ou moins complète et toujours croissante; pourrait bien ainsi que cela s'est vu, devenir en somme le seul partage. Nous ne pouvons donc trop le redire, c'est une faute grave; nous allions presque dire c'est un crime politique, dont du reste le châtiment ne s'est pas fait attendre; que d'avoir ainsi compromis la propriété foncière cet élément le plus vrai, le plus vital, le plus immuable et le plus fondamental des sociétés modernes, et principalement de la France ; en la commettant au milieu des hasards et des instabilités du crédit public, et en l'initiant enfin à toutes les déceptions et les déplorables mystères de l'agiotage. On peut du reste en voir, en juger, et en mesurer aujourd'hui, les malheureuses conséquences; la propriété ébranlée jusques dans ses fondements ; son culte immuable et saint, changé en une versatilité, en une frénésie générale, en un délire insensé d'agiotage et de spéculations ; d'intrigues marcantiles plus ou moins scandaleuses ; propagés, encouragés et exploités par le fisc, l'usure et tous des premiers par ces officiers publics même, que la loi dans sa sagesse et sa prévoyance aujourd'hui inutiles et impuissantes, avait pourtant commis à la garde et à la conservation, de tous les droits et de tous les intérêts, dont ils trafiquent en ce moment avec un cynisme et une impunité, auxquels il est cependant plus que temps de mettre un frein.

Ainsi poussées et excitées, toutes les classes de la société se sont précipitées à l'envi les unes des autres, et avec un redoublement de passions cupides et sacrilèges tel, qu'aucun respect humain n'a pu les arrêter ; ni le toit antique et vénéré de la famille, ni les religieux et inviolables monuments de la sépulture paternelle ! Un tel mouvement, une telle perturbation, sont du reste et qu'on le sache bien, des efforts aussi artificiels, une tension d'intérêt aussi funeste, et qui doit être aussi désastreuse enfin de compte, que le gigantesque essor financier dont la propriété suit malheureusement ici, et imite trop exactement, les incessants et dangereux écarts ! c'est vainement que comme notre crédit elle reçoit aussi chaque jour de cruels et ruineux avertissements ; l'histoire ne nous a que trop appris à nos dépends cependant, qu'une fois engagé dans une telle voie on ne peut plus s'arrêter, il faut aller bon gré malgré jusqu'aux dernières conséquences, et ces conséquences sont une catastrophe imminente. Mais M. de Villèle ne borna point encore là malheureusement des attentats financiers aussi déplorables; poussé de nouveau par l'insatiable démon du fisc, par les banquiers, receveurs-généraux et autres intéressés sans doute, il voulut accomplir son œuvre; et pour y parvenir il inventa de nouveaux moyens propres à attirer au grand marché d'argent de la capitale, le peu d'écus échappés non-seulement à la voracité du fisc, mais encore jusqu'à ceux fruit des petites et minces épargnes de l'ouvrier laborieux et du rentier économe; et ce fut dans ce but qu'un registre, véritable bourse au petit pied, fut ouvert chez les receveurs-généraux qui eurent mission de recevoir de toutes mains, jusqu'aux sommes les plus minimes. Depuis la révolution de juillet, le gouvernement a suivi les mêmes errements et cela se conçoit; les utiles et fructifiantes traditions, sont bonnes toujours à maintenir et à conserver. Sous l'empire des mêmes suggestions et des mêmes inspirations intéressées, on est encore allé plus loin; et par un raffinement d'habileté politique et de courtisannerie dynastique, qu'on ne pourrait s'expliquer si l'on ne connaissait tout l'aveuglement de l'esprit de parti, et tout les ressorts les plus cachés de l'ambition et de la vanité humaine; on en est venu jusqu'à traîner en holocauste aux pieds des dispensateurs des grâces et bénéfices, ces pauvres caisses d'épargnes qui ne le demandaient certes pas; jusqu'à ces institutions de bienfaisance et d'utilité première, si éminemment sociales, qu'il eut fallu par conséquent s'appliquer bien plutôt à isoler et à séparer des institutions politiques si instables et si versatiles de notre époque; qu'à les y rallier, et à les y rattacher imprudemment d'une manière aussi intime. O inconséquences et déraison des hommes et des choses de l'époque présente; on dit, on écrit, on proclame partout que l'on veut opérer sur les rentes pour faire refluer les capitaux de Paris à la province; afin que l'intérêt de l'argent et son égale distribution, puissent enfin venir en aide à cette pauvre agriculture, à ce pauvre commerce, à cette pauvre industrie,qui manquent d'aliments et de ressources pécuniaires. Tout cela qui l'ignore,est dit, imprimé, ordonné chaque jour par nos conseils municipaux, par nos conseils généraux, par nos électeurs, par nos députés, par nos économistes, par nos journalistes et par nos philantropes mêmes les plus ardents et les plus éclairés! Eh bien! il ne reste plus chez nous peut-être,que quelques écus épars,quelques misérables sous et deniers que la veuve ou l'orphelin, l'ouvrier laborieux ou le petit rentier économe prêtent encore comme par le passé,au commerce,ou à l'industrie,ou à l'agriculture,ou à des parents ou à des amis besogneux; vous croyez peut-être,que les partisans des caisses d'épargnes vont profiter de cette heureuse occasion,pour réunir ces ressources et ces capitaux, en les centralisant dans une caisse permanente pour les besoins du pays; ou les transformer d'après le vœu général en ces banques agricoles ou industrielles, produisant au moins un intérêt aussi élévé, que celui du trésor;ayant de plus ici le sol et la propriété pour responsabilité et pour garantie, solides et réelles, visibles et palpables? eh bien! pas du tout, on trouve beaucoup plus commode, beaucoup plus sage et beaucoup plus prudent sans doute, de soumettre le tout à la tutelle du gouvernement en traitant les intéressés comme des mineurs; et l'on verse les capitaux et les épargnes du pauvre,dans les coffres de l'état. Perdant ici l'heureuse occasion de cimenter par une mesure aussi sociale que prévoyante et pacifique, l'alliance indissoluble et si impatiemment désirée du prolétariat avec la propriété; de l'industriel avec l'ouvrier; du négociant et du marchand; du riche et du pauvre, en rendant ainsi respectivement solidaire par un moyen de conservation aussi naturel que légitime, et digne de respect les uns pour les autres; et les hommes et les choses: l'atelier et l'usine; la chaumière et le château; la mansarde et le palais, et le champ et la bèche; on s'empresse au contraire de tarir dans chaque ville, bourg, ou village, jusques aux derniers moyens particuliers ou généraux, de confiance, d'amour, et d'obligeance mutuelle; pour jeter ainsi et toujours, pour réunir et faire affluer sans cesse, sur le seul et unique théâtre de l'agiotage et de toutes les spéculations politiques et ruineuses universelles, le peu de capitaux qu'on avait pu soustraire au fisc, et qui restaient encore à nos pauvres provinces comme dernières ressources et dernier espoir. Les partisans, les promoteurs, les administrateurs ou gérants des caisses d'épargnes, ont-ils bien réfléchi à l'immense responsabilité qui pèse sur leur tête, en présence d'un pareil état de choses et des insinuations plus que significatives qu'on a répandues en ce qui touche les capitaux appartenant aux caisses d'épargnes, et le remboursement et la réduction des rentes? Nous sommes loin de vouloir ici mettre en doute la bonne foi, les bonnes intentions et les vues désintéressées et généreuses, du plus grand nombre de ceux qui voient comme nous dans la fondation des caisses d'épargnes, des moyens de salut, de moralisation, et de bien-être futur, offerts à tous les citoyens économes et laborieux; et qui se sont empressés de saisir les moyens les plus propres à en assurer la plus prompte exécution possibles! à ceux-là, et c'est le plus grand nombre, on leur doit assurément justice et reconnaissance: mais il y a toujours dans chaque circonstance et dans chaque événement public plus ou moins heureux; une foule d'autres personnages chargés de tout dévier, diriger, et conduire, dans la voie la plus profitable à ceux qu'ils servent; en se servant eux-même ainsi dans l'occasion, sont ceux-là que nous devons accuser d'avoir faussé l'institution des caisses d'épargnes, si comme nous le pensons, on l'a compromise en la liant d'une manière quelconque aux affaires de l'état : et pour y remédier, car selon nous il y a imprudence et danger réel, il faut s'empresser d'opérer en sens contraire, et faire refluer au plus vîte par quelques moyens que ce soit, les capitaux engagés, de la capitale vers les provinces.

Tel est en somme le gouffre immense, que le système politique et financier, nous ne dirons pas seulement de la France, mais de tous les autres gouvernements européens; tend incessamment à creuser sous le sol ébranlé des peuples qui souffrent et s'agitent;et où nous tremblons de voir notre chère et glorieuse patrie, être plongée l'une des premières, s'il ne se trouve en son sein une puissance assez intelligente et assez forte, pour l'arrêter au bord même de l'abîme! L'inquiétude, le mal aise, l'agitation des esprits, ce besoin immodéré d'excentricité qui semble s'être emparé à la fois de toutes les classes de la société;tels sont les symptômes caractéristiques et alarmants de l'état que nous venons de signaler ; on cherche à deviner, à trouver, et à s'assurer au loin par l'action ainsi que par la pensée, un bien-être, un état, un avenir, une fortune, qui chez nous semblent s'amoindrir toujours de plus en plus ; et qu'on a pour ainsi dire comme le pressentiment de voir nous échapper un jour, dans telle situation et dans telle nature d'événements ; dont du reste il serait difficile de préciser et d'assigner une cause positive quelconque !

Il est évident en effet pour tous les esprits observateurs et réfléchis, que l'Europe actuelle gravite incessamment vers un centre commun d'intérêts et de principes, destinés à la mettre plus en harmonie et plus en position relative avec les événements, que ses propres besoins et les grands mouvements de l'orient, préparent à la politique du monde. L'état présent de la Grèce, de la Turquie, ainsi que celui des côtes de l'Asie mineure, de l'Egypte, de la mer noire et on pourrait ajouter de tout l'intérieur même du vaste continent d'Asie; Alger enfin, conquise par nos armes et soumise à notre domination, ne sont point des faits isolés en eux-mêmes: des incidents plus ou moins opportuns sont venus produire peut-être, et hâter ces divers résultats; mais ils n'en étaient pas moins écrits et résolus d'avance, comme les conséquences du mouvement irrésistibleq ui préside à l'action sociale universelle, providentiellement aussi conduite et dirigée! C'est pour quoi nous dirions volontiers à ces esprits impatients, irréfléchis et peu au courant par leur position, des graves et importantes questions qui se rattachent à celles-ci : combien il importede ne rien pousser de ce côté, ni par la force des choses ni par celle des armes, à des fins utiles et fructueuses, peut-être isolément considérées ; mais qu'il s'agit au contraire de tenir en réserve dans des intérêts relatifs, et pour telle ou telle solution dont il n'est pas possible d'apprécier et de calculer d'avance toutes les éventualités. Nous savons bien que ces tempéraments, ces temporisations irritent les âmes ardentes, arrêtent ou compromettent momentanément des intérêts privés ou généraux mêmes, plus ou moins importants, mais qu'y faire? Dans ce gouvernement si compliqué, si inextricable, si compassé, si lent, si impassible sans doute au gré de nos désirs; mais parfois aussi, si exigeant, si impérieux, si terrible de la politique générale; sur cette mer semée d'écueils et de rescifs, où de perfides syrènes savent si bien par leurs chants, ainsi que par leurs douces paroles, et par toute la magie de leurs séductions diverses, attirer sur leurs bords perfides les téméraires ou imprudents nautoniers qui se confient à leurs promesses ; il faut savoir attendre, il faut bien voir et bien connaître; il faut savoir joindre la prudence et la ruse, la force et la sagesse, à la perspicacité la plus inébranlable! C'est donc du temps, des événements, du hasard peut-être ; combinés et mis à profit par l'habileté politique plus ou moins bien réglée et comprise des gouvernements ; que se composent la participation et les profits que chacun d'eux peut et doit en retirer, dans cette portion si délicate et si grave tout à la fois,de leur puissance et de leur influence extérieures!

Car aujourd'hui, ce n'est plus guère par le sort des armes, par les grandes et glorieuses combinaisons de la guerre, que se décident en Europe du moins, et le destin des états, et la conquête ou le servage,du sol et des populations! L'échiquier stratégique a cédé le pas à l'ignoble tapis vert, autour duquel plus exclusivement et plus heureusement placés que les autres, diplomates et banquiers tant en leur nom qu'au nom de ceux qui les emploient; viennent risquer chaque jour le prix d'une province, d'un royaume ou d'un empire, à ce jeu des peuples et des rois dont en définitive et plutôt qu'on ne le pense peut-être, il faudra dien consentir à liquider, et réaliser les engagements et les enjeux. Parce que nos puissances et nos dominations présentes,nos Aristocraties ou nos Olygarchies modernes,comme du reste on voudra les nommer,peu nous importe;ont fondé leur élévation,leur suprématie,leurs richesses, et leurs moyens enfin de domination et de gouvernement; sur des gages qu'ils supposent insaisissables et à l'abri des révolutions et des vicissitudes politiques, en ce sens qu'on peut les enfouir ou les déplacer aisément; (éclairés en cela sans doute, par les désastres passés et par les conséquences qui s'en suivirent,pour la richesse et la domination territoriales); ils se croyent inattaquables et invincibles, n'omettant rien d'autre part, pour fortifier davantage encore leur position, et pousser leurs principes jusqu'à leurs dernières conséquences. Fatal aveuglement, qu'on persiste et l'on verra si l'intelligence et la force, ont abandonné les masses qu'ils exploitent et méprisent si dédaigneusement! Quant à nous, nous le craignons et nous le disons pour qu'on l'évite, s'il en est temps encore; l'hypothèque et le gage qu'on pourrait saisir dans telles circonstances, rendraient peut-être la situation plus terrible et plus épouvantable encore, que celle contre laquelle on a eu ici pour but de se prémunir avec tant de soin et d'adresse. Personne n'ignore d'autre part, qu'indépendamment de ces révolutions politiques et sociales intestines, qu'on devrait pourtant bien avant tout s'appliquer à conjurer, et non pas à créer, à nourrir et à alimenter comme à plaisir, avant de faire de la force et de la puissance ; il existe d'autres dangers extérieurs se révélant et se produisant sous mille formes *Protéiques* que Machiavel a pris soin de signaler, et que nos temps modernes ont pris soin à leur tour aussi, de réaliser et de rendre sensibles à nos yeux tant de fois de puis plus d'un demi-siècle. Certes les avertissements, et les faits les plus significatifs, ne nous ont point manqué sous tous les rapports ; et si l'Europe n'avait acquis la certitude qu'une paix comme celle que nous subissons, ne fut pas plus préjudiciable à la France que la guerre même la plus malheureuse ; elle n'eut pas hésité qu'on en soit bien convaincu, à nous déclarer la guerre ou à nous pousser en ce sens à toutes les violences possibles. En pesant d'unpoids immense sur nos destinées politiques, financières, industrielles et commerciales, concentrées et réunies à tort ou à raison par nos institutions elles mêmes, sur un seul point où l'Europe peut influer et voir tout à l'instant ; elle a dû être satisfaite et de notre abaissement, et du pouvoir qui lui était acquis en cet état de choses, et sur notre situation présente, et sur notre situation future!

Ces vérités sont malheureusement des choses visibles et palpables dont les preuves et les organes sont chaque jour sous nos yeux, il ne faut que savoir les interpréter et les comprendre. Un tel état cependant, tout alarmant et funeste qu'il soit en réalité, pourrait encore devenir un moyen de paix durable, un de ces éléments de fédération monarchique européenne, dont nous signalions la possibilité il y a déjà quelques dix années; système qui du reste aurait encore aujourd'hui peu à faire et peu à sacrifier de part et d'autre, pour se constituer d'une manière à la fois satisfaisante et profitable, pour les rois et pour les peuples! Car depuis ce temps en effet, les choses ont bien changé; et si chacun persistait toujours à marcher dans des voies antipathiques et contraires, qui en définitive ne mènent à rien dans un temps où ni la monarchie absolue, ni la démocratie absolue ne peuvent gouverner le monde : si d'autre part, quelques-uns se croyant momentanément mieux et plus heureusement placés pour agir et exploiter à leur profit, loin de chercher à entraîner les événements dans un système de conciliation et d'avantages relatifs, justes et équitables; considéraient la situation actuelle comme un autre système de guerre sourde et occulte, propre à amener pour tout résultat, l'agrandissement et la prospérité des uns, au dépens de l'affaiblissement de l'indépendance nationale, de la richesse et du bonheur des autres; mieux vaudrait cent fois une guerre ouverte, franche et loyale; que cet état de duperie, de couardise, d'ignoble et lâche machiavélisme, où tout est honte et ruine à la fois pour la France.

En présence donc, d'un concours de circonstances et d'événements aussi incertain, aussi précaire, et aussi menaçant, tant sous le rapport financier fondamental, que sous tous les autres rapports politiques intérieurs et extérieurs, que devait faire une chambre nouvelle en défiance d'ailleurs si juste et si légitime, sur tout ce qui l'entourait? Ce qu'elle devait faire? Se constituer dès l'origine en grand comité d'enquête, et jeter à la fois un coup d'œil vaste et approfondi, sur tout ce qui embrasse l'état politique et financier du royaume. Nous n'entendons point ici par enquête, ces interpellations à point nommé, à jour fixe; sortes de tournois oratoires dont on nous donne souvent et par fois pour amuser la galerie, et pour la plus grande gloire de nos harangueurs sans fin, et de tous les beaux parleurs de la chambre, le vain et stérile spectacle ; de ces compérages, de ces enquêtes fausses et bâtardes, dont le simulacre et la parodie ont pour but d'ailleurs, d'usurper la place de ces enquêtes vraies et sincères dont nous voulons parler ici ; et qui doivent elles, s'adresser et s'interroger à tout et partout : à la France, à la publicité, à tous les bons citoyens ; aussi bien qu'aux hommes et aux documents plus ou moins officiels, de la puissance gouvernementale. Une fois ces données acquises, la chambre alors eut pu en connaissance de cause, voir ce qu'elle pouvait sans danger, donner ou refuser aux divers projets de lois proposés, ainsi qu'aux innombrables et gigantesques demandes de crédits et de travaux publics, sous le poids desquels on a voulu pour ainsi dire, l'étourdir ou l'annihiler : De la sorte aussi l'inertie qu'on lui reproche et qui n'est peut-être nous aimons à le croire, qu'un excès de prudence incertaine et défiante ; n'eut point été ainsi qu'on se plaît à l'en accuser, à la merci des influences et des séductions de la cour ; des intrigues et des corruptions ministérielles ; de ces interminables élucubrations, de ces longs et fameux discours plus ou moins vrais et patriotiques de tant d'orateurs inévitables ; et surtout enfin, à la merci des conseils, des menaces, et des outrages de la presse quotidienne. En effet, chacun alors eût été convaincu que la chambre avait eu l'intelligence et le bon esprit d'aller puiser ses inspirations et les règles de sa conduite, aux sources vraies et aux seuls documents positifs qui pouvaient les lui fournir ; prenant en somme sous sa responsabilité toute entière, tous ses actes futurs. C'est ainsi que cela se pratique du reste, de temps immémorial, en Angleterre ce pays classique et modèle des principes et des vérités parlementaires ; soit à l'avènement de toute chambre nouvelle, soit par un parlement qui a besoin de s'éclairer, ou qui se croit mal éclairé par le pouvoir.

Ce sur quoi eût particulièrement dû porter la grande enquête que nous sollicitons, était d'abord l'importante question du numéraire, précédemment signalée par nous à savoir : si ainsi que l'ont dit et chiffré quelques économistes, il ne résulte pas de nos relations internationales une diminution sensible, et une exportation extraordinaire de capitaux ? Là, venait tout naturellement ensuite se placer une enquête sérieuse sur notre politique extérieure, et sur la lettre et l'esprit de nos traités de paix, d'alliance et de commerce surtout, considérés sous ce rapport. Venait ensuite, d'autre part, l'enquête non moins importante et grave, relative à tout l'ensemble de notre système financier, non point comme jusqu'ici complaisamment et superficiellement faite ; mais portant au contraire ses investigations et sa lumière, jusques dans les parties les plus secrètes et les plus positives de l'administration financière, constatant bien et réellement et, l'état présent du trésor, et celui de toutes les caisses qui en dépendent : puis enfin et successivement les enquêtes administratives, judiciaires et des travaux publics surtout, ce gouffre béant si heureusement trouvé et alimenté de nos jours ; où tout est en réalité, déceptions et mécomptes en ce moment ! vérité facile à acquérir et à constater pour qui le voudra bien sincèrement, et dont il faut bien se pénétrer si l'on veut corriger et arrêter des abus qui surgissent et grossissent de tous côtés d'une manière effrayante ; avant de se lancer plus avant et plus loin, dans des allocations ou des crédits qui se dévorent les uns les autres, sans autres résultats que la fortune, l'avancement, et les honneurs de ceux qui les exploitent.

Mais si reculant épouvantée devant les résultats prévus ou pressentis d'une semblable enquête, la chambre ne voulait prendre l'initiative d'aucune mesure devant amener pour solution un embarras ou un danger quelconques : si craignant à l'égal pour le gouvernement, pour elle-mêmeet pour le pays, tout changement de système, de ministère, toute dissolution ou révolution telles quelles, la chambre se réfugiait encore ou demeurait toujours dans cette stérile et inexplicable force d'inertie, dont on serait alors plus qu'en droit de l'accuser, en la voyant assister sans s'émouvoir et sans redouter ni prévoir la fin ou le dénouement, quel qu'il soit, que doit nécessairement amener l'état de défiance et d'éloignement réciproques, que chacun semble se témoigner de plus en plus; nous ne savons pas si les mandataires du peuple et parmi ceux-ci, ceux d'entre eux qui s'en déclarent les plus fermes, les plus dévoués et les plus fidèles appuis; ne manqueraient pas aux premiers de leurs devoirs, en gardant ainsi un silence et une immobilité aussi préjudiciable aux institutions, qu'aux intérêts moraux et matériels de la France? Car de deux choses l'une, ou les circonstances quelque graves qu'elles soient, sont remédiables et alors il faut avec courage et fermeté, en proposer et soutenir les moyens: ou les choses ont été poussées à un point; les abus ont tellement comblé la mesure; la vénalité, la corruption et l'agiotage, ont tellement envahi toutes les avenues du pouvoir; les institutions constitutionnelles ont été, de leur côté, tellement perverties, faussées ou neutralisées; qu'elles sont aujourd'hui plus qu'impuissantes pour produire un bien quelconque, et alors c'est à la chambre des députés à jeter le cri d'alarme.

Représentants de la France, la plus grande des responsabilités pèse sur vous, et vous ne pouvez vous en affranchir dans la position délicate où les événements vous ont placé que par deux moyens, l'enquête ou la réforme! ou bien plutôt l'enquête et la réforme? L'appel à la France! Songez-y bien et en dehors de ces deux moyens, ne vous livrez à aucune grande concession, à aucune grande mesure quelconque. et moins à celle des rentes parconséquent qu'à tout autres encore! C'est donc dans votre décision prochaine que votre sort et le notre sont écrits! c'est là le mandat officiel ou tacite, auquel il n'est permis à aucun de vous de se soustraire, ou de faillir impunément.

www.ingramcontent.com/pod-product-compliance
Lightning Source LLC
LaVergne TN
LVHW010108230826
846091LV00005B/2138

* 9 7 8 2 0 1 1 7 8 1 9 4 9 *